Einmalig bist Du

Hans Bouma

Einmalig bist Du

Bildnachweis: Umschlag, S. 27: S. Sammer; S. 7: G. Marth; S. 9, 25: A. Porizka;
S. 11, 41: Radelt/Huber; S. 13: M. Hahn; S. 15: G. Szogs; S. 17, 37, 45: © UM;
S. 19: G. A. Ulmer; S. 21: B. Bolanz; S. 23: Wöhler/Silvestris; S. 29: S. Burton;
S. 31: L. Reupert; S. 33, 35: R. Siegel; S. 39: Hennig/Kinkelin; S. 43: P. Santor;
S. 47: A. Beck

Die Deutsche Bibliothek – CIP-Einheitsaufnahme

Einmalig bist Du / *Hans Bouma. [Übers. aus dem Niederländ.: Erika M. L.*
Blauw-Goebels und Jan J. K. Blauw]. – 5. Aufl. – Lahr : SKV-Ed., 1994
   (Lichtblicke ; 93302)
   ISBN 3-87729-469-3
NE: GT

ISBN 3-87729-469-3
ISBN 3-8256-0302-4 (bibliophile Ausgabe)

Lichtblicke 93 302
5. Auflage 1994
© 1990 by SKV-EDITION, 77922 Lahr
Übersetzung aus dem Niederländischen:
Erika M. L. Blauw-Goebels und Jan J. K. Blauw
Gesamtherstellung:
St.-Johannis-Druckerei, 77922 Lahr
Printed in Germany   4079/1994

EIN MENSCH WIE DU

Wie unzählig viele Menschen es auch gibt, keiner ist überflüssig. Jeder Mensch ist angesehen, jeder Mensch ist von Bedeutung. Auch wenn du der soundsovielste bist, du bist doch der erste. Einer, den es vor dir noch nicht gab. Einen Menschen wie du – einmalig bist du.

Jeder Mensch hat ein eigenes Gesicht, eine eigene Geschichte, ein eigenes Geheimnis. Jeder Mensch hat einen absolut eigenen Wert. Dieser Wert hat nichts zu tun mit deiner Stellung, deinem Status, der Rolle, die du in der Gesellschaft spielst. Sie gehört zu deiner speziellen Art, Mensch zu sein.

Als Mensch darfst du Freude haben an dir selbst. Du hast deinen Wert, du bedeutest sehr viel. Wie du auch Freude haben darfst an deinem Mitmenschen: auch er, auch sie hat eigenen Wert. Auch er, auch sie ist von größter Bedeutung.

Hans Bouma

Dich nicht verbergen. Dich nicht unterschätzen. Bist ja so wundervoll ans Licht gekommen. Mensch mit eigenem Namen. Mensch mit eigenem Gesicht. Mensch mit eigener Geschichte.

Sehr wertvoll bist du. Unersetzlich. Nicht wiederholbar. So wie du bist, gibt es nur einen Menschen.

Zögere nicht. Zeige dich. Licht wartet auf dich. Es wird dich umarmen. Zärtlich wird es dich hegen. Ein Mensch! Ein Mensch wie du.

Dir selbst treu bleiben. Nicht dein Gesicht austauschen, einen anderen spielen.

Vielleicht hast du Erfolg, bekommst du Beifall. Aber du höhlst dich aus. Was du so auch gewinnst, größer ist der Verlust.

Keinen Verrat an dir selbst. Koste, was es wolle, den eigenen Weg gehen. Bist du nicht du selbst, bist du niemand.

Verwunderung über das Alltäglichste – das Licht, die Vögel, einen Zweig. Über jeden Schritt, den er macht.

Augen, die sehen, eine Haut, die fühlt. Die Augen, die Haut seiner Seele. Lebt bis ans Äußerste, bis ins Innigste.

So klein wie er ist, so groß ist er. Vollkommen sich selbst. Mensch, vollständig Mensch. Jeden Tag wird er neu geboren.

Dich hätte es auch nicht geben können. Und auch diese Erde hätte es nicht geben können. Aber du bist da. Mensch aus Fleisch und Blut, Mensch mit einem Herzen im Leibe. Und diese Erde gibt es. Planet in Blüte. Einmaliges im Weltall.

An einem großen Geheimnis hast du teil. Dem Geheimnis, das Leben heißt. Nichts ist höher, nichts geht tiefer.

Leben bist du. Leben mit einem menschlichen Gesicht.

Nicht zu kurz kommen. Sehen, was es zu sehen gibt. Schließlich lebst du nur einmal.

Also spielen mit Licht, dem so liebenswerten Licht. Den Wind streicheln. Zaubern mit Gedanken. Zu Traum nach Traum Musik finden.

Nichts Besonderes. Du hast das Talent. Dazu bist du als Mensch auf Erden. Und der Löwenzahn ist dazu als Löwenzahn auf Erden.

Kleiner Weltraum aus lauter Zärtlichkeit. Eine Frau, maximal Frau. Ein Kind, maximal Kind. Menschlicher geht es nicht.

Zärtlichkeit – du bist dafür geboren. Um sie zu empfangen. Um sie auszuteilen. Zärtlichkeit – Kraft, die uns beseelt. Warme Unterströmung.

Die Frau, das Kind: allerhöchstes Leben. Leben ohnegleichen.

Du entfaltest dich, stellst dich bloß. Unumwunden machst du dich auf den Weg. Mensch bist du. Mitmensch also.

Aber unausgesprochen, wofür es keine Worte gibt. Schweigen, das niemand versteht. Landschaft nicht wahrgenommen.

Menschsein, deine Aufgabe, unvergleichlicher Mensch. Wer nennt dich beim tiefsten Namen? Wer beugt sich über dein letztes Geheimnis?

Wovon träumt er? Welche Welt ist in seinen Augen? Wie ist die Landschaft seiner Seele?

Hoffen, daß er hier heimisch wird. Grund unter den Füßen findet, ein Dach über seinem Kopf.

Das Recht, seine Stimme zu erheben, hat er. Recht auf Liebe. Recht auf Zukunft. Recht auf Menschsein hat er.

Sei nie von etwas ganz erfüllt, gib nie alles Eigene auf. Du wirst darin untergehen, du wirst allmählich zusammenbrechen. Du wirst deinen Glanz verlieren, du wirst dein Gesicht verlieren.

Bleibe erkennbar. Immer bist du mehr. Mehr als deine Arbeit, mehr als dein Status, mehr als dein Kummer, mehr als deine Freude. Alles übertreffender Mensch bist du.

Bleibe erkennbar. Achte auf die Bäume, die so standhaften Bäume. Alle Jahreszeiten sind sie unleugbar sich selbst. Alles überstehen sie. Und wenn sie umfallen, bleiben sie nahe bei ihren Wurzeln.

Spielerische Finger eines Künstlers. Oder die Hand eines Geliebten. Oder Gedanken einfach freien Lauf lassen.

Oder ein Gedicht. Unter der Regie des Lichts liebkosend vom Wasser geschrieben.

Liest du es, Zeile für Zeile, so liest du dich selbst. Verwundert erkennst du die Züge deines eigenen Gesichts.

Ohne Zurückhaltung zum Vorschein kommen. *Mensch sein, in aller Heftigkeit Mensch sein. Das zu tun bist du wunderbar genug.*

Wohl bist du dann verletzbar. Augen können lachen, willkommen heißen, aber auch spotten, auch abweisen. Sprache kann Raum schaffen, aber auch isolieren. Einsam, sehr einsam kannst du sein.

Aber du lebst. Schmerzhaft vielleicht, aber unverkennbar bist du du selbst. Du zeigst das Schönste, was du hast: dein wahres Gesicht. Du zeigst dein Herz.

Liest das Gras, liest das Licht. Liest den Frühling, liest den Himmel. Lebt nahe beim Geheimnis, lebt nahe bei sich selbst.

Stark im Mitleben. Umgibt dich mit Wärme. Beherbergt dich in ihren Augen. Stark in Zärtlichkeit. Beherbergt dich in ihrer Seele.

Eine Frau, die du atemlos liest. Ein Buch, das du nicht mehr weglegst. Ein Gedicht. Ein Mensch.

Den anderen – unterschätze ihn nicht. Entmutige, deprimiere ihn nicht. Ein Mensch, der sich sehen lassen kann. Sehr begabt. Zu Großem fähig.

Bewege sein Herz, berühre es. Appelliere an seinen glänzenden Kern. Erwecke das Menschlichste, das Beste in ihm.

Und prachtvoll blüht er auf. Unvergleichlich ist er Mensch.

Wunderbar seine Leiblichkeit. Mit Haut und Haar sich selbst. Keine Spaltung. Berührst du seinen Körper, so berührst du seine Seele.

Verwandtschaft. Dieselbe Erde, derselbe Atem. Entsprungen einer und derselben Schöpferkraft. Aber daheimgeblieben. Noch ganz verbunden mit der Natur.

Du bist fortgegangen. Es war unvermeidlich. Aber ab und zu kommst du wieder zurück. Ab und zu stehen wir wieder gemeinsam bei der Quelle.

Enttäuscht. Vieles lief anders als er erwartet hatte. Aber sich selbst hat er nicht verloren. Er ist Mensch geblieben, unbeschädigt und ansehnlich Mensch.

Du sollst ihn kennenlernen. Ein langer Weg. Aber entdeckst du ihn, so entdeckst du eine vollständige Welt.

Gäbe es nur einen, der sein Herz fände. Einen, der ihn in Liebe hüllte. Das ist er sicher wert.

Sie fragte die Bäume, die lebensweisen Bäume. Sie fragte die Vögel, das Wasser, das andächtige Wasser. Stille, bedeutungsvolle Stille.

Aber er kommt. Wie Licht, wie ein Frühling geschieht er ihr. Der Mann, den sie träumt, der ihren Namen nennt, der ihr Mensch sein wird.

Er kommt. Höre die Bäume, höre die Vögel, höre das Wasser – wie sie schweigen.

Millionen Menschen, Milliarden. Aber keiner ist überflüssig. Jeder Mensch gehört dazu. Jeder Mensch zählt. Eine hohe Schöpfung. Eine Welt an sich.

Auch du gehörst dazu. Ob du nun jung bist oder alt, Mann oder Frau, reich oder arm, gesund oder krank – deinen eigenen Platz nimmst du ein.

Sei dir besonderen Wertes bewußt. Respektiere dich. Mensch bist du wie nur du Mensch bist.

Nicht an dir selbst vorbeileben. Du lebst dann nur halb. Innerlich verschrumpfst du, und auf einmal bist du alt.

Immer wieder zu Atem kommen. Dich besinnen auf dich selbst. Deinen Namen auf das Wasser schreiben. Dein Gesicht in deiner Seele spiegeln.

Immer wieder heimkommen. Zur Einkehr kommen. Um dich wieder zielbewußt auf den Weg zu machen. Unbeirrt wissend wer du bist. Ein Mensch – ein Mensch unter Menschen.

*B*ist du Mensch, so kennst du Heiteres, aber auch Kummer, Freude, aber auch Leid. Über Höhen gehst du, aber auch durch Tiefen.

Nichts ist vergebens. Alles prägt dich, alles ist bildend. Licht, aber auch Dunkelheit. Alles trägt bei zu deiner Menschlichkeit.

Nichts ist vergebens. Ein Blatt bist du, ein Blatt, beschrieben von Wind und Wetter. Immer schöner wirst du. Sichtbar gewinnst du an Bedeutung.

Gewiß, jetzt ist sie so – so wunderschön, so menschlich. Und morgen? Wieder anders. Noch wunderschöner, noch menschlicher. Vollendet ist sie, aber auch unvollendet. Mensch, aber auch noch nicht. Immer mehr Mensch.

Halte sie nicht gefangen. In dem Bild, das du von ihr hast. In deinen Träumen, in deinen Erwartungen, in deinen guten Absichten. Du würdest dich ihr entfremden. Du würdest sie verlieren.

Gönne ihr die Freiheit. Eine Verheißung ist sie. Nur wenn du ihr folgst, bleibst du bei ihr.

Immer wieder Grenzen. Die Grenzen deines Körpers. Die Grenzen deines Geistes. Die Grenzen deiner Möglichkeiten.

Akzeptiere sie. Für die Qualität deines Daseins sind sie nicht entscheidend. Du möchtest gerne mehr, aber wärest du damit auch mehr Mensch?

Was dich auch beschränkt, überschwenglich darfst du in Blüte stehen. In der Blüte deines Herzens.

*Autor und Verlag würden sich freuen, wenn Ihnen der Bildband
so gut gefallen hat, daß Sie gerne auch noch die anderen dieser
Reihe kennenlernen möchten.*
*Gerne nennen wir Ihnen alle Titel, die in der Reihe
LICHTBLICKE bisher erschienen sind:*